Au bord de la mer...

LE MACAREUX
PARESSEUX

Texte et illustrations
Christophe Boncens

Sur le flanc d'une falaise vit une colonie de macareux. L'un d'eux, nommé Varech, ne sort du terrier que pour se reposer et profiter des rayons du soleil.

Les autres macareux lui proposent :
– Viens voler avec nous ! Le ciel est magnifique !
Varech refuse toujours :
– Je me sens trop fatigué aujourd'hui... Une autre fois, peut-être !

Quand un ami lui demande :
– Tu viens plonger et pêcher plein de poissons ?
Du fond de son terrier, le macareux s'excuse :
– Non merci, je préfère que tu m'en apportes.
Et puis, l'eau est bien trop froide, BRRRRR !

Varech préfère passer son temps à ne rien faire. Parfois, il contemple la mer en restant couché. Toute la colonie le critique : CE MACAREUX EST VRAIMENT PARESSEUX !

À l'automne, le jour de la grande migration, son voisin Némo lui crie :

– Dépêche-toi, Varech, tout le monde est prêt à partir !

– Je reste ici, l'idée d'un si long voyage m'épuise.

– Tant pis pour toi ! Tu resteras seul jusqu'au printemps, répond Némo.

Toute la colonie s'envole, traversant l'océan.
Varech leur fait un petit signe de l'aile,
puis retourne bien vite se coucher.

Après quelques jours passés seul sur la falaise, Varech sort affamé de son terrier.

– Comment vais-je faire ? Je n'ai jamais pêché le moindre poisson, je ne sais même pas plonger et encore moins voler !

Désespéré, il fond en larmes.

L'apercevant si désemparé, un goéland se pose tout près de lui :

– Tu n'as jamais rien voulu faire JUSQU'ICI ! Si tu te décides enfin, je veux bien t'aider et tout t'apprendre.

Varech réfléchit : Apprendre, cela va me fatiguer ! Mais il ne peut pas laisser passer une chance pareille. Il accepte l'aide du goéland.

Pendant plusieurs semaines, le goéland lui apprend à voler, à plonger et à pêcher.
Le macareux ne s'est jamais autant amusé.

Au printemps, toute la colonie regagne la falaise. Varech et le goéland ont pêché plein de poissons pour les accueillir. Le macareux leur annonce :

– JE NE PASSE PLUS MON TEMPS À NE RIEN FAIRE ! À la prochaine migration, c'est promis, je serai du voyage !

Jouons avec Varech !

Combien de poissons et de crevettes Varech a-t-il pêchés ?

Qu'utilise Varech pour voler ?

Son bec.

Ses ailes.

Ses pattes.

Ses plumes.

Réponses : jeu n°1 : 8 poissons et 5 crevettes / jeu n°2 : Ses ailes.

Aide Varech à retrouver son terrier.

Dessinons Varech !

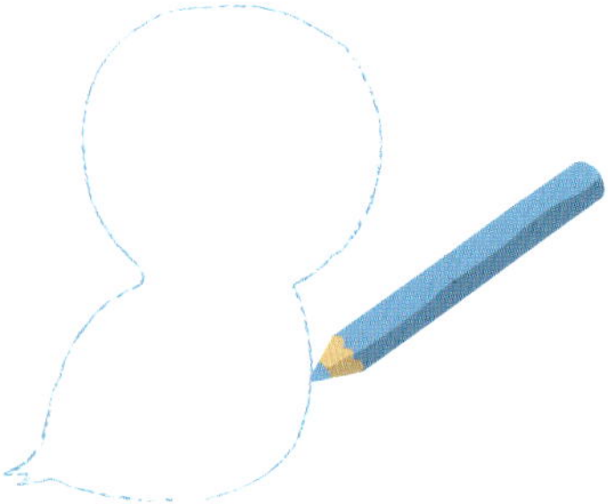

A – Commence le dessin par le corps.

B – Dessine deux gros yeux ronds. Gomme le trait du corps qui traverse les yeux.

C – Ajoute le bec et dessine le plumage.

D – Dessine les deux pattes.

Crée un joli décor et colorie ton dessin représentant Varech.

Dans la même collection :

Merci à Sylvie pour son aide dans la rédaction et la relecture du texte.

ISBN : 978-2-37133-008-5

Kerangwenn – 29540 Speied/Spézet

« Loi n°49-956 du 16 juillet 1949 sur les publications destinées à la jeunesse. »

Impression LEGO, Italia.
Photogravure Procolor, Quimperlé (29).
Dépôt légal : 2e trimestre 2014.

www.beluga-jeunesse.com
www.coop-breizh.fr